KB215883

परमेश्वर के साथ सुखी संगति के लिए मूल रूप से मनुष्य की सृष्टि की गई।

तब परमेश्वर ने मनुष्य को अपने स्वरूप के अनुसार उत्पन्न किया,
अपने ही स्वरूप के अनुसार परमेश्वर ने उसको उत्पन्न किया ⋯
(उत्पत्ति 1:27)

परन्तु मनुष्य ने परमेश्वर की आज्ञा का पालन नहीं
किया। उस के विरोघ में पाप किया।
और उस से दूर चला गया।

परिणाम : चिंता और डर / मृत्यु

इसलिये कि सब ने पाप किया है और परमेश्वर की महिमा से रहित हैं।
(रोमियों 3:23)

क्योंकि पाप की मजदूरी तो मृत्यु है, परन्तु परमेश्वर का वरदान हमारे प्रभु
मसीह यीशु में अनन्त जीवन है। (रोमियों 6:23)

परमेश्वर ने मनुष्यों पर तरस खाके यीशु मसीह को हमारे प्रायश्चित के रूप में इस पृथ्वी पर भेजा।

क्योंकि परमेश्वर प्रेम है। (1 यूहन्ना 4:8)

क्योंकि मनुष्य का पुत्र इसलिये नहीं आया कि उस की सेवा टहल की जाए, पर इसलिये आया कि आप सेवा टहल करे और बहुतों की छुड़ौती के लिये अपना प्राण दे। (मरकुस 10:45)

प्रभु यीशु हम सब पापियों का प्रायश्चित बन के क्रूस पर मरे और तीसरे दिन मरे हुओं मे से जी उठे। परमेश्वर हमें दो वरदान देना चाहते हैं।

वरदान : शांति और अनन्त जीवन

मैं तुम्हें शांति दिए जाता हूँ, अपनी शांति तुम्हें देता हूँ ; जैसे संसार देता है, मैं तुम्हें नहीं देता : तुम्हारा मन न घबराए और न डरे। (यूहन्ना 14:27)

चोर किसी और काम के लिये नहीं परन्तु केवल चोरी करने और घात करने और नष्ट करने को आता है। मैं इसलिये आया कि वे जीवन पाएं और बहुतायत से पाएं। (यूहन्ना 10:10)

क्या आप सच्ची शांति और अनन्त जीवन
पाना चाहते हैं ?
परमेश्वर चाहते हैं कि आप प्रभु यीशु को दिल में
ग्रहण करके सच्ची शांति और अनन्त जीवन पाएं।

क्योंकि परमेश्वर ने जगत से ऐसा प्रेम रखा कि उस ने अपना एकलौता पुत्र
दे दिया, ताकि जो कोई उस पर विश्वास करे, वह नाश न हो, परन्तु अनन्त
जीवन पाए। (यूहन्ना 3:16)

परन्तु जितनों ने उसे ग्रहण किया, उस ने उन्हें परमेश्वर के सन्तान होने का
अधिकार दिया, अर्थात उन्हें जो उसके नाम पर विश्वास रखते हैं।
(यूहन्ना 1:12)

अब प्रभु यीशु आप के दिल के द्वार खटखटाते हैं।
आप को चुनना है।
पापपूर्ण जगत में चिंता और डर में रहके मरने के बाद
आग की झील में युगानुयुग पीड़ित होना
या
प्रभु यीशु को ग्रहण करके सच्ची शांति और अनन्त जीवन पाना

क्या आप प्रभु यीशु को ग्रहण करना चाहते हैं ?

देख, मैं द्वार पर खड़ा हुआ खटखटाता हूँ ; यदि कोई मेरा शब्द सुन कर द्वार खोलेगा,
तो मैं उसके पास भीतर आ कर उसके साथ भोजन करूंग, और वह मेरे साथ।
(प्रकाशित वाक्य 3:20)

आप ने महत्वपूर्ण निश्चय किया।

इसी तरह प्रार्थना करें।

हे पिता परमेश्वर, मैं पापी हूँ।

मैं अपने पापों का पश्चाताप करता हूँ।

मुझे क्षमा करें।

मैं विश्वास करता हूँ कि प्रभु यीशु, आप मेरे पापों के कारण
क्रूस पर मरे और जी उठे।

अब मेरे दिल में आएं और मेरे मुक्तिदाता और प्रभु बनें।

प्रभु यीशु के नाम से। आमीन।

आप प्रभु यीशु को ग्रहण करके
परमेश्वर के सन्तान बन चुके हैं।
आसपास की बाइबल पर आधारीत चर्च जाया करें, और
परमेश्वर के वचन सुनते और प्रार्थना करते रहें।
प्रभु यीशु मसीह में परमेश्वर के संग
परम सुख का जीवन जीएं।